Bissi Marco

Come creare una startup

Introduzione.

Questo libro descrivere il percorso di come nasce una start up: dall'idea, al reclutamento di partners finanziari per assolvere al founding necessario per l'avviamento.

Eviterò di accennare ai dettagli burocratici in merito alle tipologie societarie e quant'altro riguarda specifiche aree di competenza professionali le cui leggi sono soggette a cambiamenti.

Mi concentrerò sulla dinamica della creazione di una startup dall'inizio alla fine e soprattutto come capire, appena possibile, se l'idea può funzionare o meno così da ridurre al minimo i rischi di perdere del denaro e tempo prezioso, liberando risorse per altri progetti.

Come leggere questo libro.
Questo libro e' stato impostato come sequenza dall'inizio alla fine ma, allo stesso tempo, e' possibile leggere ogni capitolo come se fosse a se' stante. Consiglio una lettura completa e poi approfondire singolarmente quelle parti che più interessano.

Capitolo 1

L'idea.

Definizione di business.

Il business è un processo ripetibile che:

1.   crea o fornisce qualcosa di valore che

2.   le altre persone vogliono, o hanno bisogno,

3.   ad un prezzo che sono disposti a pagare, in un modo che

4.   soddisfa le esigenze e le aspettative del committente e

5.   fornisce al business entrate sufficienti.

Tutto il resto è un hobby.

Creare valore vuol dire rendere la vita di qualcun altro migliore.
<u>Senza la creazione di valore, un business non può esistere, non si può</u>
<u>negoziare con gli altri a meno che non hai qualcosa di prezioso da dare.</u>
Le migliori aziende del mondo sono quelle che creano il maggior valore per
gli altri.
Alcune aziende prosperano, fornendo un valore minimo a molti, altre si
concentrano sulla fornitura di alto valore solo per poche persone.

Alla ricerca dell'insuccesso.

Qualsiasi persona motivata a creare qualcosa ritiene che basti la sua passione perché la sua idea abbia successo.

Questo libro parte da una base differente. Si parte dal concetto che ciò che tu andrai a creare e' più vicino al fallimento che al successo.

Quindi, più che dal successo, si partirà con la ricerca dell'insuccesso come stadio iniziale dello sviluppo della nostra idea.

Questa e' la prima cosa da fare ed e' bene svolgerla nel più breve tempo possibile ed al minor costo possibile.

Più avanti nel corso del libro verrano indicate delle strade per identificare il più velocemente possibile quale e' il grado di successo, pardon insuccesso, della vostra idea.

Ricorda: a nessuno importa nulla della tua idea, la gente pensa solo ai propri interessi.

Come e dove trovare idee dal mondo reale.

Diciamo che le idee possono essere raggruppate in due gruppi:

1) le nostre idee che il più delle volte provengono dai nostri sogni.
2) le idee provenienti dalle esigenze esterne.

A prima vista non sembra che vi siano delle sostanziali differenze per ciascuna delle idee, pero' le differenze esistono in modo concettuale.

Infatti, possiamo definire la scelta di una idea personale come un azione che va dall'inizio verso la fine (dal prodotto al mercato); mentre possiamo definire l'idea proveniente dall'esterno come una azione che dalla fine va verso l'inizio (dal mercato verso il prodotto).

Entrambe, per avere successo, devono avere un pubblico disposto a spendere per trarne un beneficio personale.

Pertanto, quando crei qualcosa pensa sempre a quale beneficio si può dare agli altri e, solamente dopo, a quale beneficio ne puoi trarne tu.

Le idee si possono trovare dappertutto dalle riviste, dai programmi televisivi, guardando le pubblicità, ecc. Da queste fonti puoi capire in che cosa la gente e' alla ricerca.

Una parte importante nelle ricerche la si ottiene con Google. Google AdWords, in merito alla ricerca di parole chiave (Keywords), e' una miniera d'oro di informazioni, con Google Trends e' possibile conoscere quali sono gli argomenti più ricercati dagli utenti in rete.

Con Yahoo Answers si posso vedere quali sono le domande alle quali le persone necessitano di una risposta e per contro si possono capire le problematiche da risolvere che sottendono a questi problemi.

Vedere i video più richiesti su YouTube e' un'altra forma di informazioni alle quali fare riferimento.

E' possibile cercare quello che funziona nei paesi più avanzati nei trend e provare a replicarlo in Italia apportando delle piccole modifiche e miglioramenti.

Poi ci sono gli evergreen come fonti di idee. Gli evergreen non sono altro che tutte quegli argomenti che non tramontano mai e per i quali vi e' sempre una concorrenza.

Il più delle volte basta solo essere focalizzati nella ricerca delle idee per accendere una lampadina nella testa.

Ricorda: La maggior parte delle cose nuove fallisce (70-80-90%), anche se sono realizzate impeccabilmente.
Quindi e' solo l'incontro favorevole con il mercato che può' dare successo alla tua idea. Il successo commerciale di qualunque nuovo prodotto d'altra parte ha a che fare con il comportamento umano, altamente imprevedibile, strano e (per la maggior parte delle volte) irrazionale.

Scegliere un settore di nicchia.

Quando hai trovato un mercato che potrebbe interessare un pubblico vasto il passo successivo consiste nel scegliere una nicchia di quel mercato. La nicchia di mercato e' una parte di un vasto settore che può essere interessato ad un prodotto o servizio altamente specializzato o personalizzato. Un esempio può essere una azienda che produce cavi elettrici del tipo e della lunghezza voluta dal cliente. Questo e' un tipo di prodotto altamente personalizzato che si inserisce in un settore nel quale la grande distribuzione non e' interessata a coprire.

Pertanto, quando pensi a qualche idea, prova a vedere come un prodotto può essere personalizzato differenziandosi dalla massa. Trova la tua mucca viola.

Dare un nome all'idea.

Un fattore importante per il successo di una idea e' il nome con la quale viene chiamata. Qualunque prodotto o servizio tu sia intenzionato a realizzare dovrai fare i conti, prima o poi, con la promozione sul web, sia come semplice pubblicità o anche come nome del sito web.

Pertanto dovrai seguire le regole che vengono usate dai marketer per identificare le parole chiave, individuando quelle che sono più adoperate dagli utenti per le loro ricerche.

Dovrai anche tenere in considerazione la lunghezza e il numero di frasi perché sul web le persone cercano un determinato argomento inserendo generalmente due frasi, al massimo tre.

Quando sei alla ricerca del nome da dare alla tua idea dovrai pensare a cosa un utente dovrà digitare per cercare il tuo prodotto. Dovrai in sostanza metterti nei panni dei tuoi clienti e pensare cosa loro potrebbero digitare per ricercare il prodotto che tu stai mettendo in vendita.

Se noti, la maggior parte dei nomi su internet e' la fusione di due nomi insieme come facebook, microsoft, ecc. Navigando potrai trovare moltissimi spunti su come chiamare la tua idea.

Una volta determinato il nome vedrai che ti tornerà utile in molti frangenti del tuo percorso.

Dedica tempo per la ricerca del nome e vedrai che ne otterrai un vantaggio in seguito.

Capitolo 2

il Business Model.

Introduzione.

Il business model, o modello di business, e' una analisi strategica di come il tuo business deve essere impostato e valutato.

Questo strumento, o metodo di valutazione, lo inserisco all'inizio, subito dopo l'individuazione della idea con la quale fare business, in quanto lo ritengo il principale strumento di validazione con il quale verificare se procedere o meno con ulteriori passi.

Come riportato dal sito italiano del business model canvans questo strumento deve essere eseguito prima della realizzazione del business plan vero e proprio.

Negli Stati Uniti c'e' chi, come Bob Dorf, che ritiene superfluo il business plan preferendo ad esso il più pratico business model.

Di seguito tratterò brevemente il business model di Osterwalder concentrandomi di più su una sua evoluzione più pratica di Ash Maurya descritto nel suo libro "Running Lean".

Il Business model Canvans Osterwalder.

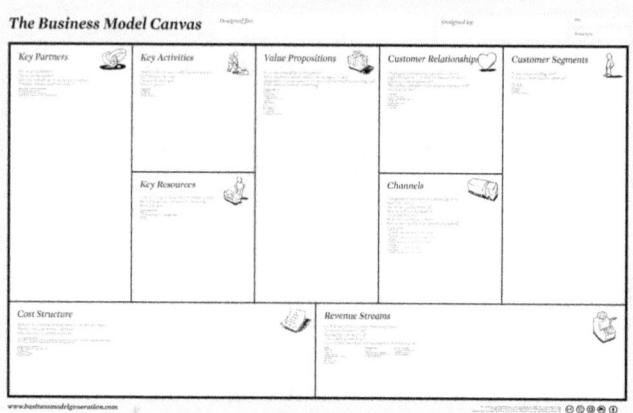

Il <u>Business Model</u> (o modello di business) è l'insieme delle soluzioni organizzative e strategiche attraverso le quali l'impresa acquisisce un vantaggio competitivo. In altri termini, ovvero con le parole di Alexander Osterwalder, ideatore del Business Model Canvas: "BUSINESS MODEL descrive la LOGICA con la quale un'organizzazione CREA, DISTRIBUISCE e CATTURA VALORE".

E' una strategia di business che si applica attraverso l'analisi dei 9 blocchi:

1. **Customer Segments**. Si identificano i potenziali segmenti di utenti che l'impresa intende servire.

2. **Value prpositions.** Si identificano il gruppo di servizi e prodotti per creare valore al gruppo servito.

3. **Channels.** Si identificano tutti i canali con i quali l'azienda entra in contatto con il cliente.

4. **Customer Ralationships.** Descrive quale tipo di relazione si intende stabilire con uno specifico cliente.

5. **Revenue Streams.** Si identificano le entrate finanziarie che si pensano di ottenere dalla vendita al cliente.

6. **Key Resources.** Rappresentano la più importante chiave per creare valore e consiste in tutte quelle attività che servono per creare il prodotto o servizio.

7. **Key Activities.** Descrive l'oggetto del prodotto o servizio che serve per creare valore.

8. **Key Partnerships.** Si identificano tutti coloro che possono essere i partner esterni che partecipano alla realizzazione del prodotto.

9. **Cost Structures.** Sono tutti i costi necessari alla realizzazione ed alla consegna del prodotto al cliente.

Il Lean Canvans.

Problem	Solution	Unique Value Proposition	Unfair Advantage	Customer Segments
Top 3 problems	Top 3 features	Single, clear, compelling message that states why you are different and worth buying	Can't be easily copied or bought	Target customers
	3		**7**	
	Key Metrics		Channels	
1	Key activities you measure		Path to customers	**1**
	6	**2**	**4**	

Cost Structure		Revenue Streams	
Customer Acquisition Costs Distribution Costs Hosting People, etc.	**5**	Revenue Model Life Time Value Revenue Gross Margin	**5**

Questo altro modo di verificare il business model e' quello che preferisco in quanto lo scopo principale consiste nel fare una velocissima validazione dell'idea. Il suo ideatore e' <u>Ash Maurya</u> e il suo motto principale consiste in:

<u>"La vita e' troppo breve per costruire qualcosa che nessuno vuole"</u>.

Il metodo essenzialmente si prefigge lo scopo di realizzare un Lean Canvans in 20 minuti attraverso un grafico che assomiglia molto a quello precedentemente riportato e che in breve consiste in:

A. Fare un brain-storming dei potenziali clienti. Più in particolare riconoscere e distinguere tra clienti e utenti. I clienti sono quelli che pagano per il tuo prodotto.

B. Creare velocemente dei singoli canvans ciascuno per ogni potenziale cliente. Raggruppare i singoli clienti in gruppi omogenei sulla base delle loro esigenze e poi creare un canvans per ciascun gruppo.

C. Definire le priorità di dove si vuole partire. E' necessario trovare un grande mercato, trovare i tuoi clienti e raggiungerli con i tuoi prodotti. Piuttosto che cercare il grande filone di clienti all'inizio l'obiettivo principale e' trovare quelli che vengono chiamati "Early adopters". Questo e' il tuo obiettivo principale.

La redazione del Lean canvans consiste in:

1. **Definizione dei problemi e dei clienti.** Si esegue contemporaneamente una definizione dei 3 principali problemi (e' importante sintetizzare il messaggio con semplici parole chiave) che il tuo prodotto o servizio e' in grado di risolvere, con le possibili alternative e contemporaneamente definire il target del cliente.

2. **Unique Value Position (UVP).** E' il messaggio che tu vuoi comunicare

al cliente che il tuo prodotto o servizio e' differente dagli altri. E' di tale importanza che può essere paragonato al titolo di testa di un articolo. Bisogna riassumere il concetto in una o due frasi.

3. **Soluzioni.** Consiste nel definire in maniera sintetica le soluzioni ai problemi.

4. **Canali.** Consiste nel definire con quali canali tu riesci a raggiungere il tuo pubblico affinché possa conoscere conoscere il tuo prodotto o servizio.

5. **Entrate e Uscite.** Queste due parti, fatte in contemporanea, danno modo di conoscere i costi e i guadagni del tuo prodotto. Si devono definire tutti i costi che servono per produrre e consegnare il tuo prodotto/servizio ma, serve anche definire a quale prezzo deve essere messo in vendita.

6. **Key metrics.** Si devono stabilire quali sono le metriche che ti comunicheranno se il tuo prodotto sta avendo successo o meno. Definisci cioè le tue KPI.

7. **Unfair Vantage.** In sostanza il valore di un prodotto o servizio dipende anche dal fatto che sia possibile copiarlo o riprodurlo dalla concorrenza. Molto dipende dal marchio e dal nome o da attività che solo poche persone sono in grado di realizzare.

Capitolo 3

Fai un prototipo, no anzi, fai un pretotipo.

Introduzione.

Questa la ritengo una delle parti fondamentali per chi si cimenta come imprenditore.

Una volta trovata l'idea il metodo tradizionale che i vari libri ci insegnano e' quello del passaggio dall'idea al progetto ed al progetto al prototipo funzionante del prodotto.

Ma, visto che lo scopo principale di questo libro si basa sul fatto che e' più facile che la nostra idea fallisca, piuttosto che abbia successo, dobbiamo prepararci al fallimento perché la maggior parte delle idee fallisce o brucia i soldi degli investitori.

<u>Dedicare le proprie energie fisiche e finanziarie in costosi progetti e prototipi e' la via peggiore da intraprendere.</u>

Devi allora escogitare delle strategie che ti permettano di testare il prodotto investendo la minor quantità di tempo e di soldi possibile. E' per questo che riporto di seguito alcune tecniche di <u>pretotipo</u> che ho preso a prestito dal libro "<u>Pretotype it Pretotipare</u>" di Alberto Savoia e che ti consiglio di leggere ed applicare.

In breve, creare un **prototipo** significa creare un singolo prodotto della cosa, perfettamente funzionante, che vorrai produrre in serie (il termine "cosa" e', come l'autore del libro riporta, il prodotto). <u>Il **pretotipo** invece significa costruire una cosa per finta prima di costruirla per davvero.</u>
Un esempio molto banale lo si può trovare nel settore immobiliare nel quale prima di realizzare l'opera si crea un modellino tridimensionale in scala ridotta oppure un video elaborato in CAD 3D. In questo caso si simula la costruzione che avverrà solo in caso di successo del progetto (vendita).
Di seguito riporto brevemente le tecniche descritte nel libro "Pretotype" di Alberto Savoia.

Le Tecniche esca:

Con tecniche esca si definiscono tutte quelle tecniche che servono a verificare con il minor dispendio di tempo ed energia se il prodotto che stai provando a creare può funzionare o no.

Turco meccanico.
Sostituire computer o macchine complicate con esseri umani.
Prende il nome da un automa che si diceva fosse in grado di giocare le partite a scacchi con gli esseri umani. Si è spesso sospettato che in realtà ci fosse un trucco, un uomo si potesse nascondere dentro la macchina, teoria mai provata, anche perché la macchina è andata distrutta prima di poter essere

studiata.

La stessa tecnica venne adoperata dalla IBM quando 30 anni fa testo' un computer capace di dattiloscrivere automaticamente quanto dettato a voce. Le persone credettero che fosse il computer a trascrivere la dettatura, mentre, invece, era una dattilografa collegata via audio dall'altra parte della parete.

Questa tecnica può essere impiegata quando la realizzazione richiede degli elevati investimenti e l'uso, all'inizio, di persone che simulano le funzioni della macchina può far risparmiare molti costi.

Pinocchio.

Costruire una versione non funzionale, senza vita, del prodotto.

Il nome e' preso a prestito dall'inventore del Palm che invece di costruire il prototipo creo' un pretotipo attraverso un pezzo di legno al quale aveva incollato un foglio di carta con la riproduzione delle sua invenzione. Facendo credere che il Palm funzionasse per davvero riuscì a capire che poteva esserci un interesse delle persone per il suo prodotto.

Stuzzuchino.

(MVP Minimum Viable Product da learn Start Up di Eric Ries).

Creare una versione utilizzabile della cosa, ma con funzionalità ridotte al minimo. "Ricavare, con il minimo sforzo, la quantità massima di informazioni e dati reali".

La MVP può essere sviluppata molto rapidamente perché fa a meno di tutte le funzioni non critiche.

In sostanza si crea un prototipo in maniera veloce e poco costosa eliminando tutte quelle funzioni che ne accrescerebbero i costi.

Provinciale.

Testare un prodotto su scala provinciale costa molto meno che su grande

scala.

Fingo che sia mio.

Prima di investire in un prodotto o idea puoi affittare o prendere a prestito il

prodotto fingendo che sia il tuo.

Porta finta.

L'unico obiettivo è creare un punto di ingresso per un potenziale prodotto che

non esiste ancora. Un esempio classico e' quando si cerca di testare il

potenziale interesse dicendo che il tal prodotto e' in produzione oppure che si

stanno prendendo delle prenotazioni e che verrai ricontattato non appena

sarà possibile.

Questa tecnica e' più usata di quanto si possa credere. Un esempio personale?

Quando tempo fa acquistai una automobile mi dissero che occorrevano due

mesi per averla. Alla mia domanda: "come mai?" la risposta fu: "La stanno

costruendo".

Un esempio.

Riporto di seguito un esempio di una pretotipazione, anche se lui non la

chiama così di fatto lo e', di una simulazione del prodotto a costi bassissimi realizzata da Stephen Key.

In pratica e' una pretotipazione di una sua idea realizzata con photoshop allo scopo di presentare un potenziale prodotto ad una potenziale azienda produttrice.

Consiglio di leggere il libro di Stephen Key "One Simple Idea : Turn Your Dreams into a Licensing Goldmine While Letting Others Do the Work" come altra fonte importante per conoscere metodi di creazione di pretotipi.

Capitolo 4

Validare l'idea.

Validare una idea significa verificare se la tua idea può avere un potenziale o no. Come descritto per il pretotipo, dove anziché spendere troppo tempo e denaro nel creare un prototipo si simula il prodotto al minor costo, in questa fase si deve attuare un sistema per la valutazione del potenziale della vostra idea.

In questo caso si devono applicare tutte quelle tecniche che ti possono confermare o meno se vi e' interesse da parte delle persone per la tua idea. Con la validazione si può inoltre verificarne il prezzo oppure, anche, se vi sono dei feedback positivi o meno.

Un aspetto importante quando validi una idea e' capire a quale target di pubblico può essere indirizzato e quali strumenti sono utili per la verifica delle metriche (passaggi che dovresti già avere compiuto con il Lean Canvans).

Validare una idea con 50€.

La maggior parte delle validazioni la si può ottenere con un investimento di 50€ e consistono nel proporre la tua idea alle persone e verificarne il loro interessamento.

In sostanza la validazione può essere paragonata ad una mini ricerca di mercato e la si può attuare in diversi modi che ti verranno descritti di seguito:

Validare l'idea con una landing page.

Questo e' il metodo classico usato dalla maggior parte dei web marketer e consiste nel creare un sito di una pagina nel quale inserire una descrizione della tua idea. Il concetto di base di una landig page consiste nell'ottenere gli indirizzi mail delle persone che potenzialmente sono interessate alla tua idea. Per ottenere questi indirizzi bisogna preparare qualcosa da dare in cambio e generalmente e' un libro, una anticipazione di un libro o qualcosa che descriva la tua idea in modo da invogliare le persone a comunicare con te. Una volta ottenuto questo puoi anche usare questo elenco come mailing list di potenziali clienti a cui vendere il prodotto una volta decisa la produzione.

Un altro aspetto da tenere in considerazione consiste nell'ottenere una vendita quando ancora il prodotto non e' stato realizzato, ad esempio se segui la filosofia just in time puoi usare una landing page per raccoglie dei preordini da "trasferire" sia a potenziali investitori sia, in futuro, alla produzione in lotti di prodotti.

Solitamente non si preparare una sola landing page ma se ne preparano almeno due (campagna "A" e campagna "B"), entrambe le campagne hanno per oggetto lo stesso prodotto ma differiscono tra di loro per alcune variabili quali descrizioni dei bottoni "Call To Action" o altre variazioni nei testi delle headline o subheadline. Successivamente potreai verificare quale delle due ha suscitato il maggior interesse.

La predisposizione della landing page la si può fare redigere da un web master oppure di solito utilizzando siti come Instapage che danno la possibilità creare abbastanza velocemente la tua landing page con pochissimi euro. Questi siti inoltre danno anche la possibilità di verificare attraverso delle metriche i dati tra una landing page "A" e "B".

Campagna AdWords.

Non e' questa la sede per descrivere uno dei più potenti mezzi pubblicitari sul web e cioè Google AdWords e quindi ne faro' solo un accenno rimandando il lettore a testi molto più specifici. Indico solo che questo strumento pubblicitario e' adattissimo nel validare il potenziale interessamento di un pubblico attraverso il mezzo web.

La copertura che Google ha come motore di ricerca e' notevolmente maggiore a tutte le altre forme pubblicitarie sia come ampiezza di diffusione e sia come economicità, infatti e' possibile creare delle semplici campagne pubblicitarie a pagamento attraverso il metodo Pay Per Click (PPC) con un minimo investimento. Consiglio questo strumento essendo anche il metodo più' veloce da attuare.

In pratica definisci quanto vuoi spendere, crei l'annuncio e lo colleghi alla tua landing page e poi pubblichi l'annuncio. Dopo di che verifichi sia l'interessamento dell'annuncio, la quantità e la percentuale dei click (attraverso i grafici di Google AdWords) e delle conversioni (attraverso i grafici di Instapage).

Eventualmente ti e' anche poi possibile verificare con maggior dettaglio il tipo e provenienza del tuo pubblico attraverso un altro strumento quale Google Analitycs inserendo il codice fornito da Google direttamente nell'head della tua pagina.

Fornisco queste indicazioni a titolo esemplificativo perché per chi non ha modo di approfondire questo aspetto e' meglio che chieda aiuto a persone del settore del web marketing per una consulenza.

Campagne sui social media.

Il web fornisce anche altre possibilità simili a Google Adwords, come ad esempio creare campagne pubblicitarie simili con altri social media quali facebook o LinkedIn.
Hanno una copertura inferiore a Google ma sono allo stesso tempo efficaci. Anche Twitter può servire al nostro scopo nel validare una idea. Si può creare una mini campagna e poi verificarne gli effetti.

Validare con YouTube.

Così come con Google AdWords anche con YouTube e' possibile creare della campagne pubblicitarie a pagamento e non. La differenza e' che con questo social media posso inserire direttamente dei video oppure posso inserire delle Pitch (una serie di slide) della mia idea e verificarne i riscontri attraverso YouTube Analitics.

YouTube e' inoltre importante perché mi da la possibilità anche di inserire lo stesso video all'interno della landing page principale contribuendo a fornire maggiori informazioni e dinamicità al mezzo promozionale.

Validare creando un focus group.

Sino a questo momento abbiamo analizzato alcune delle possibilità che il web mette a disposizione per validare la tua idea. E' comunque possibile testare qualsiasi idea anche nella maniera tradizionale.

E' possibile creare dei piccoli convegni gratuiti nei quali si mette a disposizione una brochure o si forniscono indicazioni con delle slide per poi verificarne i feedback. I gruppi devono essere il più possibili selezionati, devono essere composti sulla base degli interessi specifici che le persone possono avere nei confronti della tua idea.

Validare con una campagna mail.

La campagna mail e' forse ancora la regina delle campagne promozionali. Tutto dipende dalla tua mailing list, cioè di quante persone conosci e delle quali ne possiedi l'indirizzo mail. Maggiori sono gli indirizzi mail e maggiori sono le possibilità di promuovere la tua idea.

Esistono dei siti specializzati nel creare campagne mail quali mailchimp oppure GetResponde dove puoi preparare, inviare la tua pitch e monitorare gli interessamenti che le persone hanno in merito alla tua idea.

La mail può essere considerata anche alla stessa stregua di una **pitch elevator** (termine che vedremo più avanti nel corso di questo libro), in quanto deve servire in brevissimo tempo a dare informazioni utili al lettore per capire il tipo di business che vogliamo intraprendere e quali azioni chiediamo che il lettore intraprenda.

Conclusioni in merito alla validazione.

Abbiamo visto alcuni aspetti, quelli principali legati alla validazione, a cosa serve, e come realizzarla. Ovviamente questi metodi non sono esaustivi e non scendono nel dettaglio, per ognuno bisognerebbe dedicargli uno spazio specifico. Quello che più conta e' rafforzare il concetto che la nostra idea parte destinata al fallimento ed e' quindi bene dedicarci le risorse strettamente necessarie per verificare se può o meno funzionare. Inoltre questo approccio ti potrà permettere di ottenere dei feedback per correggere il pretotipo oppure per verificare anche possibilità di vendita ad un determinato prezzo.

Ricorda: la validazione e' una operazione necessaria ma, non prenderla come valore scientifico. Non pensare che se dalla validazione hai ottenuto dei buoni risultati questi poi si dimostreranno veritieri in futuro. Mi spiego meglio con un esempio: hai mai organizzato una partitella di calcio con gli amici o una cena ad un ristorante? Sicuramente si. Quanti vi siete ritrovati poi al campo di calcio o al ristorante? C'erano tutte le persone che inizialmente ti avevano dato il loro ok? Sicuramente ti sarà capitato di ritrovarti con meno persone. Questo e' il concetto da tenere ben presente quando si fanno delle validazioni. Per ridurre la percentuale di defezione si può prevedere un forma di prenotazione o meglio ancora di un acconto a titolo di prenotazione. E' più difficile che una persona che si e' espressa in maniera formale, ed anche economica, poi i torni sui suoi passi, anche se questo e' legittimo.

Capitolo 5

Trova un co-founder.

Introduzione.

Trovare un co-founder se non e' l'elemento principale e' uno dei punti più importanti. Il suo valore può essere individuato in due fattori: fattore interno e fattore esterno.

Il **fattore interno** del co-founder e' importante dal punto di vista delle competenze, in quanto deve essere in grado di fornire quelle competenze necessarie a completare le lacune del founder.

Il **fattore esterno** deve essere considerato come quella amalgama che deve risultare sia in termini di competenze tecniche/finanziare sia come amalgama tra le persone che determinerà l'efficacia del team.

Quindi la cosa migliore da fare e' trovare le migliori persone con le quali lavorare, ma non solo, contano molto anche i rapporti caratteriali con le persone visto che ci si dovrà lavorare per molto, molto tempo e a stretto contatto.

Principale causa di morte di una start up.

E' di vitale importanza sapere che la principale causa del fallimento di una start up consiste nelle divergenze e litigi che si instaurano in un team.

L'aspetto che più viene valutato dai finanziatori infatti e' quello che tiene in considerazione l'affidabilità e la coesione all'interno di un team.

La paura principale di chi investe del denaro in una start up e' di non vedere i propri ritorni economici a causa dei dissidi interni scoppiati all'interno del team. Queste paure di perdere il denaro investito non riguardano tanto la possibilità che uno dei soci scappi in Sud America con la cassa ma, che nello sfaldamento del team, si perdano anche gli investimenti fatti.

Questa possibilità determina, come diretta conseguenza da parte dell'investitore, di entrare di persona nel consiglio di amministrazione della società, non solo per fornire adeguata capacita' imprenditoriale, ma anche di avere un controllo diretto e immediato di quelli che possono essere i dissidi all'interno del team.

Quanti devono essere i co-funder?

Una delle ragioni che definiscono il numero dei partecipanti (founder e co-founder) dipende oltre che dalle diverse aree di provenienza, economico/finanziaria e tecnica, anche dalla possibilità di eventuale default di uno dei soci fondatori. Si ritiene cioè, più semplicemente, che se uno dei soci fondatori debba lasciare quello che rimane abbia comunque delle capacita' per poter proseguire la start up senza provocare il fallimento della società.

In genere e' per questo che il numero dei soci dovrebbe essere almeno formato da due persone, meglio se tre.

Per quanto concerne la suddivisione dei ruoli, o meglio la copertura delle varie abilita', la parte prevalente viene data alla capacita' produttiva/sviluppo piuttosto che a quella manageriale, in quanto in fase si start up la parte predominante del lavoro consiste nello sviluppo del prodotto.

Le principali tendenze in merito al numero di fondatori sono quelle che vogliono come numero perfetto quello di due persone, suddivise, come una dedita alla produzione/sviluppo ed un'altra dedicata alla vendita (es. Apple: Jobs/Wozniak; Microsoft: Gates/Allen).
Ciò non toglie che alcune start up di successo possano essere state create da un solo fondatore o altre siano state create anche da tre o quattro fondatori.

Per il caso di un unico fondatore abbiamo visto che egli debba comunque possedere entrambe le abilita' di produzione e vendita (un caso tipico e' Zuckerberg), mentre per il caso di tre o quattro fondatori le cose possono complicarsi sia nella divisioni dei compiti sia anche in potenziali dissidi in merito ai ruoli dirigenziali.

Dal punto di vista di un finanziatore vedere che la gran parte dei soci svolgono ruoli manageriali o di vendita a scapito della parte operativa/ produttiva non da' molto affidamento. Quindi <u>il team deve essere bilanciato su questi due ruoli: produzione/sviluppo e vendita.</u>

Come dovrebbe essere divisa la societa'?

Questo aspetto e' molto più semplice se parliamo di due fondatori in quanto la società in genere viene divisa al 50/50, (salvo prescrizioni in materia di creazione di società a responsabilità limitata dove ci possono essere delle modifiche generate dalla presenza obbligatoria di un socio lavoratore, aspetti questi che devono essere chiariti da un commercialista). Splittare le quote in maniera diversa e' possibile e dipende dai rapporti interni che si possono instaurare tra i soci fondatori.

Chi e' il boss?

Anche qui e' più semplice trovare degli accordi tra i co-founder quando sono due, mentre le cose si possono complicare quando sono tre, quattro o più. Bisogna stabilire chi tra i soci debbano possedere delle cariche societarie.

Capitolo 6

Trova i finanziatori.

Chi sono i finanziatori e cosa cercano.

I finanziatori sono persone, gruppi, oppure persone che rappresentano gruppi, il cui scopo e' investire il proprio denaro come capitale di rischio in aziende che possano dare alti utili in brevissimo tempo (dai 3 ai 5 anni) in cambio di quote societarie.

Il loro apporto non e' solamente finanziario ma anche intellettuale, infatti entreranno a far parte del consiglio di amministrazione a scopo di sorveglianza e consulenza.

Nelle start up i finanziatori sono tipicamente di due tipi:
1. I Business Angelas (BA).
2. I Venture Capitalsist (VC).

Il fattore da tenere sempre a mente e' che i finanziatori sono persone alle quali non interessa nulla di voi o della vostra idea. A loro interessa fare in modo che i loro investimenti producano ulteriore ricchezza.

I Business Angel (BA).

Il <u>Business Angels</u> interviene prima del VC quando il progetto e' in fase di seed/start up.

Come il VC e' un socio temporaneo il quale dopo circa 3 anni vuole realizzare il guadagno.

- Di solito investe in un raggio di azione di 150-200 Km. dalla propria residenza.
- Investe capitali da 50.000 a 500.000€ nell'operazione.
- Interviene quando non esiste ancora un track record dell'azienda.
- Entra in azienda con almeno il 15-30% delle quote della società'.
- Richiede di partecipare attivamente nella gestione della società.

Cosa cerca.

- Capacita' imprenditoriale del team.
- Validità e innovazione del nuovo prodotto.
- Caratteristica e crescita imprenditoriale.
- Pianificazione di una strategia di intervento.

Exit strategy.

Durata media della presenza del Business Angel: 3,3 anni.

Way out.

3 modi possibili di modi di way out:

- Riacquisto da parte dei proponenti.
- Ingresso di altri investitori finanziari di maggiori dimensioni.

○ Ingresso di un partner industriale.

Il processo di co investimento.

Il processo di co investimento con un Business Angel segue queste fasi:

1) **Screening iniziale.** Inizia con la presentazione della pich elevator.

2) **Valutazione e selezione.** Dopo 2 settimane circa, se dovesse essere di interesse per il BA, allora si passa alla presentazione del business plan. In questo fase si dovrà anche fare sottoscrivere l'accordo di riservatezza (NDA).

3) **Due Diligence.** Dopo circa 3 settimane il Business Angel passera' alla propria valutazione personale, Due Diligence, con la quale prenderà informazioni personali con i propri consulenti del settore. In questa fase si preparerà la lettera di intenti che costituirà la base per i successivi accordi.

4) **Negoziazione e costituzione della società.** Dopo circa 3 o 4 settimane si passera' alla negoziazione per la creazione della società. I documenti che dovranno essere realizzati saranno i seguenti: Statuto e i patti parasociali.

5) **Monitoraggio.** Dopo 4 - 6 settimane vi sarà un controllo finale, la verifica delle milestones e l'ingresso nel CDA. E sarà così per i prossimi 3 - 5 anni.

6) **Uscita.** Clausole di co-vendita.

I Venture Capitalist (VC).

Il <u>Venture Capitalist</u> ha lo stesso scopo del Business Angel, investire in società con idee innovative ad alto rischio, ma con propensioni di guadagni elevati. Rispetto ad un business Angels il loro intervento e' mirato a sostenere un minor numero di investimenti ma, allo stesso tempo, investire una maggior quantità di capitali.

Generalmente intervengono dopo l'ingresso di un Business Angels, ma e' possibile riscontrare un loro interessamento già in fase di seed.

Altra caratteristica principale, rispetto Business Angel, e' che i Venture Capitalist sono raggruppati per specializzazioni in settori specifici e per capacita' di finanziamento. Cioè hanno per statuto societario quello di investire in determinati settori con un massimo di capitale per ogni operazione.

Le clausole di un accordo con un investitore.

Di seguito riporto una serie di clausole principali che i Venture Capitalist mettono nei contratti, e loro diciture, che entreranno a far parte degli accordi di start up con i finanziatori.

Term Sheet

Se il secondo incontro va bene, si passa al famigerato Term Sheet, che altro non è che un pezzo di carta, giuridicamente non impegnativo, dove però sono elencati i termini della operazione ovvero valutazione, governance, clausole di base. Il Term Sheet serve a "fissare" gli elementi base della trattativa, ed ovviamente su quelli non si torna più. In genere in questa fase c'è anche una clausola che impone le trattative riservate, ovvero da lì in poi non potete più fare i furbetti andando a giocare al rialzo con altri soggetti ma trattate solo con uno. E' saggio mettere sempre termini brevi per le trattative riservate (es. 45 gg) di modo che poi se le cose vanno per le lunghe sarete voi semmai a prolungare di altri 30 (se vi va'). Il term sheet in genere è sotto forma di lettera-proposta che l'investitore invia all'imprenditore il quale accetta e controfirma.

MOU / LOI (MOU= memorandum of understanding / LOI= letters of intent).

Sono grosso modo la stessa cosa del Term Sheet. Talvolta differiscono solo per una maggiore valenza legale. In buona sostanza una LOI porta una responsabilità precontrattuale, ovvero ci si può ritirare ma solo se ci sono dei buoni motivi. In pratica se uno si ritira, solo perché gli gira storto, facendo perdere alla controparte mesi di tempo sarebbe passibile di risarcimento danni. Nel term sheet questa responsabilità è esclusa.

Liquidation preference.

E' una clausola per la quale si prevede che laddove l'investitore abbia investito ad esempio 1 mln di euro quando ci sarà un processo di vendita il primo milione andrà all'investitore. Quindi per capirci se l'azienda viene venduta ad 1 mln anche se l'investitore ha il 20% si prende tutto lui. Questa clausola è abbastanza standard, con anche gli interessi sopra. E' delicato capire come viene ripartita la parte eccedente, ed è lì che molti ci provano. Quindi non vi bloccate su questa clausola perché ve la chiedono tutti, in sede di term sheet è meglio lasciarla (magari molto vaga).

Drag / Tag along.

Clausole cruciali e pericolose. La **Tag** (co vendita) è quella che permette al socio di minoranza di obbligare il socio di maggioranza, laddove egli venda, a vendere anche la sua quota, ed è una clausola sacrosanta. La **Drag** è una clausola per la quale il socio di minoranza (ad esempio l'investitore) può costringere il socio di maggioranza o tutti i soci a vendere insieme a lui quando lui vuole. Ovviamente sulla definizione del prezzo...e' tutto da capire. La Drag è pericolosa ma è richiesta, un modo per gestirla è quello di prevederla solo in alcuni casi e solo da alcuni momenti, o facendo fissare il prezzo ad un terzo.

Exit.

E' il complesso delle procedure previste nel contratto che permettono all'investitore di riuscire a liquidare la sua quota, in genere è entro un periodo di 5 anni con vari step.

Qua non c'è scampo, l'investitore entra investendo 1 per uscire entro 5 anni possibilmente con 5-10 X.

Governance.

L'insieme delle clausole che prevedono la gestione della società e quindi la composizione ed i membri in CDA per gli investitori, il diritto di veto su alcune materie, il collegio dei sindaci etc.

Bad leaver.

L'insieme di clausole che costringono l'imprenditore a non scappare, o non fare concorrenza, e dedicarsi con zelo all'iniziativa finanziata. Sono sostanzialmente delle penali.

Capitolo 7

Splitta la torta con gli investitori.

Pensa in grande, ma parti piccolo.

Quando si e' in fase di creazione di una società bisogna definire con i co-
founder cosa si vuole fare della società in caso abbia successo. Stabilire subito
come si dovranno sviluppare il rapporti con i futuri altri soci, che
apporteranno i capitali necessari per accelerare il percorso di crescita della
società, sarà di fondamentale importanza per evitare inciampi e dissidi futuri
in merito alla strategia da adottare.
Di seguito si riportano i vari passi standard che si avranno in una start up
dall'inizio al raggiungimento del successo.

Passo 1 - L'idea.

Hai finalmente trovato l'idea sulla quale lavorare. In questo momento tu stai
creando valore che vedrà i suoi frutti più avanti. Ora pero' non hai niente in
mano, hai l'idea, non hai una società, non hai un marchio registrato.
Sei da solo e possiedi il 100% di niente.
Ora la torta e' suddivisa cosi':

- Tu possiedi il 100% di niente.

Passo 2 - Co-founder Round.

Adesso che hai verificato che l'idea può avere un certo interesse e potrebbe avere un certo successo decidi che ti serve qualcuno di esperto nel perfezionare e meglio definire il progetto. Cerchi quindi qualcuno esperto nel settore che abbia le tue stesse motivazioni e con il quale condividi gli stessi valori. Dopo averlo trovato decidi con lui le strategie e dividi la torta dal 100% al 50/50%. Iniziando a lavorare sul serio vi accorgete che necessita del denaro per sviluppare l'idea a tal punto da doverla presentare a dei finanziatori.

Ora la torta e' suddivisa cosi':

- Tu possiedi il 50% di niente
- Il co-founder possiede il 50% di niente.

Passo 3 - Familiari e amici Round.

Non potendo chiedere denaro pubblicamente, in quanto la sollecitazione di denaro ad un pubblico indistinto e proibito per legge, inizi a chiedere denaro a parenti ed amici. Dai in cambio di 10-15.000€ il 5% della società. Registri la società dando un 5% agli investitori e impostando una option pool del 20% (una opion pool e' un sistema di accantonamento di quote che possono essere concesse ai futuri dipendenti della società o ad un advisor, ma, al momento attuale faranno parte del capitale societario e risulteranno solo a livello di scrittura privata tra i soci).

Ora la torta e' suddivisa cosi':

- ◆ Tu possiedi il 37,5%
- ◆ Il co-founder possiede il 37,5%
- ◆ Parenti ed amici il 5%
- ◆ Option Pool 20%

Passo 3 - Business Angels Round.

Dopo qualche mese dall'inizio dell'attività societaria ti accorgerai che i fondi dei parenti ed amici non ti bastano più e che devi trovare nuovi finanziamenti. A questo punto intervengono investitori chiamati Business Angels che forniscono capitale di rischio da 50.000 a 500.000€.

Ora la torta e' suddivisa cosi':

- ◆ Tu possiedi il 31,7%
- ◆ Il co-founder possiede il 31,7%
- ◆ Parenti ed amici il 4,2%
- ◆ Option Pool il 16,7%
- ◆ Business Angels il 16,7%

Passo 4 - Venture Capital Round.

Giunti a questo punto, hai il prodotto e hai ottenuto la prima traction sul mercato. Ora e' possibile accelerare il processo di sviluppo della società coinvolgendo il Venture Capitalst il quale apporterà capitali maggiori cedendogli una quota societaria di circa il 33,3%.

Ora la torta e' suddivisa cosi':

- Tu possiedi il 19,2%

- Il co-founder possiede il 19,2%

- Parenti ed amici il 2,6%

- Primo impiegato il 1,8%

- Option Pool il 13,5%

- Business Angels il 10,3%

- Venture Capital il 33,3%

Il primo passaggio del venture Capital viene chiamato Series A e ve ne possono seguire anche altri che prenderanno il nome di Series B, C, ecc.

Passo 5 - IPO (Initial Public Offering) Round.

Se la tua impresa ha successo dopo un certo periodo si può pensare di farla quotare in borsa.

Ora la torta e' suddivisa cosi':

- Tu possiedi il 17,6%

- Il co-founder possiede il 17,6%

- Parenti ed amici il 2,4%

- Primo impiegato il 1,7%

- Option Pool il 12,45%

- Business Angels il 9,5%

- Venture Capital il 30,5%

- Pubblico 8,3%

Considerazioni.

La cosa più importante di questo capitolo e' sottolineare il fatto che ad ogni passaggio si perderà peso all'interno della società a scapito di un guadagno maggiore.

Il concetto e': <u>avere il 17,6% di una grande società e' meglio che avere il 100% di niente.</u>

Altro concetto fondamentale e' chiedere la partecipazione di capitali di rischio solo se ne hai l'effettiva esigenza in quando e' sempre consigliato il Bootstrapping (utilizzo di capitale proprio) fin quando non ve ne sia bisogno.

Questo e' solo un esempio di come possono procedere le cose, e' capitato anche, vedi Instagram, che il suo fondatore ha trovato prima i finanziamenti e poi il co-founder.

Capitolo 8

I documenti della startup.

Introduzione.

In questo capitolo vengono riportati i principali documenti che formano una start up con una loro breve descrizione. Non credo sia importanti per lo scopo di questo libro approfondire oltremodo le specifiche per ciascun documento per il motivo che bisognerebbe dedicarvi un libro apposta, ma soprattutto perché e' possibile trovare sul web decine e decine di esempi, tutti diversi, per ogni documento.

Gli esempi che riporto appartengono a quelli da me preferiti e che ritengo più validi. Rimane al lettore la possibilità di approfondire con altri tipi di esempi.

La elevator pitch.

La elevator pitch prende il nome dall'ascensore (elevator), cioè indica il modo di presentare, ad un potenziale finanziatore, la propria idea di business mentre si sta salendo dentro un ascensore, e solo per la durata della corsa.

In pratica e' necessario trovare le parole che riassumano in maniera breve, pochi secondi (sulla durata della elevator pitch esistono tantissime versioni), il concetto del business e a chi può interessare e perché il finanziatore dovrebbe essere interessato a investire il proprio denaro.

Una elevator pitch e' composta da:

1. Traction;
2. Prodotto;
3. Team;
4. Professionalita'.

Tra questi elementi l'investitore e' particolarmente interessato alla traction e per traction si intende come il prodotto può incontrare le esigenze del mercato.

"For investors, the product is nothing."
— MARC HEDLUND
Founder, Wesabe

Cosa deve contenere una elevator pitch lo abbiamo visto, quello che non deve connettere sono i dati specifici del progetto, in questa fase non serve il business plan, e non si deve presentare al potenziale investitore una NDA. E' importante raccontare una storia che ha per soggetto la traction.
Sintetizza il tuo business in una singola frase o in un singolo discorso.

Ricorda: lo scopo di una elevator pitch e' quello di ottenere un incontro con l'investitore.
In definitiva devi pensare di presentare una elevator pitch attraverso una mail con la quale si richiede un incontro con l'investitore alla quale si allega una pitch di 10 slide con la quale approfondisci il tuo progetto.

Pitch.

Il miglior modello di pitch dell'universo. Tra tutti i modelli di pitch che esistono questo e', secondo Ventur Hacks, il migliore in assoluto ed e' strutturato nei seguenti punti:

1. **Copertina**. Inserire il logo, tagline e i tutti gli indirizzi necessari per i futuri contatti.

2. **Sommario**. Inserire tutti i punti chiave della società accertandoti di coprire quanto riportato nella elevator pitch.

3. **Team**. Inserisci tutti i membri del team, e i loro passati successi. Non includere la posizione che tu intendi ricoprire e lasciala per ultimo.

4. **Problemi**. Descrivi il mercato, i clienti, e i problemi che possono avere senza l'utilizzo del tuo prodotto. Enfatizza il livello di insoddisfazione creato dalla incapacità dei concorrenti di risolvere il problema.

5. **Soluzione**. Introduci il tuo prodotto e come questo risolverà i problemi dei clienti. Inserisci delle foto, immagini o qualsiasi altra demo.

6. **Tecnologia**. Descrivi la tecnologia che sta dietro al tuo prodotto soprattutto se essa si differenzia dalla concorrenza. Se hai dei brevetti mettili in mostra.

7. **Marketing**. Chi sono i clienti? Quanto grande e' il mercato? Riassumi tutto in una diapositiva approfondendo i punti. Come farai ad attrarre i clienti? Quanti clienti hai già' nel tuo portafoglio?

8. **Vendite**. Quale e' il tuo modello di business? Quali sono le microeconomie e le macroeconomie che trasformano il vostro business in entrate di euro? Enfatizza i dati microeconomici (ogni cliente vale 1

all'anno perché …) piuttosto che i dati macroeconomici (se noi otteniamo il 10% del mercato di 10 milioni …).

9. **Concorrenza**. Descrivi perché i clienti dovrebbero usare i tuoi prodotti invece di quelli della concorrenza. Descrivi qualsiasi vantaggio competitivo ed anche ciò che ti può essere copiato dalla concorrenza. Mai negare che ci sono dei concorrenti.

10. **Milestones**. Descrivi la tua attuale situazione e la tua previsione per i prossimi 1-3 trimestrali in merito al tuo prodotto, team, marketing, vendite. Crea dei grafici con una scala metrica basata sulle trimestrali. **Importante**: non costruire un modello finanziario dettagliato se tu non hai un track record precedente.

11. **Conclusioni**. In questa diapositiva si può evidenziare un aspetto più ampio di cosa si vuole ottenere con gli investimenti richiesti. Oppure può essere di aggiornamento o completamento a quanto riportato nella slide del sommario.

12. **Finanziamento**. Dati e importi delle somme avute e quanto si chiede di ottenere in questo round.

Racconta tutto come se fosse una storia, devi pensare ad attrarre l'attenzione come una pubblicità.

Per approfondire puoi trovare esempi di Jason Calacanis' excellent "How To Demo Your Startup" : http://bit.ly/Uw4h e http://bit.ly/hUTy.

Formatta la tua pitch.

La formattazione classica della pitch e' quella suggerita da Guy Kawasaki chiamata 10/20/30, ovvero 10 slide per un totale di 20 minuti usando un font non minore di 30.

La suddivisione delle slide deve essere così composta: una slide deve riguardare il prodotto, mentre il resto delle slide devono riguardare il tipo di mercato di interesse, la concorrenza, i dati finanziari, la storia del founding (se sono già stati immessi dei capitali in precedenza), e le esperienze rilevanti dei membri del team. Il prodotto interessa meno l'investitore che e' più interessato alle altre parti del progetto.

Ricorda: <u>nella pitch non inserire mai informazioni confidenziali.</u>

Questo e' quanto basta a presentare una start up all'investitore: una pitch elevator e la sua pitch, niente di più e niente di meno.

Il Business Plan.

Il Business Plan, o piano economico-finanziario, è il documento che permette di definire e riepilogare il progetto imprenditoriale, le linee strategiche, gli obiettivi e la pianificazione patrimoniale, economica e finanziaria dell'impresa. Il business plan ha sia una **funzione interna**, svolge, cioè, il compito di informare e di guidare i processi decisionali all'interno dell'azienda; ma ha anche una **funzione esterna**, in quanto, ha lo scopo di presentare il progetto ai terzi. Infatti, il piano di impresa risulta essere lo strumento con il quale si cerca di convincere gli operatori economici, estranei all'impresa, circa la credibilità del business aziendale.

Il business plan, all'interno dell'impresa, è alla base per la pianificazione strategica (3-5 anni). Attenzione, però, a non confondere il business plan con il budget, pur essendo forte la loro complementarietà.

Inoltre, l'intero piano di impresa non deve essere molto lungo, una cinquantina di pagine sono generalmente più che sufficienti. È preferibile riportare in allegato le parti non strettamente attinenti (altre informazioni di supporto) ed i curricula dei soci.

Un'attenzione particolare va anche riservata alla forma, sin dalla predisposizione della copertina.

Non esiste un modello prestabilito per la redazione del business plan. Tuttavia, è possibile individuare dei requisiti minimi di forma e contenuto dai quali non si può prescindere.

Si tratta di alcune semplici regole che rendono la lettura del documento più facile e soprattutto più interessante.

Executive Summary.

È buona norma includere nel business plan, nella parte iniziale, un Executive Summary, ossia un riassunto del documento che, in una o due pagine al massimo, sintetizzi l'iniziativa, gli obiettivi, le strategie, i costi, i finanziamenti richiesti e l'uso che si intende fare degli stessi. Tale riassunto ha lo scopo di stimolare il proseguimento della lettura del business plan stesso evidenziando gli aspetti favorevoli del progetto e vendendone l'idea di impresa.

Descrizione dell'iniziativa.

Si incomincia ad entrare nel dettaglio facendo una breve descrizione della attività.

Mission.

Si possono indicare gli scopi che gli imprenditori intendo attuare e perché.

Analisi di mercato.

In questa parte si inizia ad entrare nel dettaglio del progetto imprenditoriale individuando quelli che sono:

○ **Segmenti.** Come e' segmentato il settore nel quale si vuole intervenire?

○ **Tendenze.** Per quale motivo e' interessante realizzare un progetto imprenditoriale in quel settore?

○ **Concorrenti.** Quali sono gli attuali concorrenti che sono già presenti con un loro prodotto e servizio sul mercato? E' importante dire che e' difficile trovare un settore di intervento nel quale non esistano già dei concorrenti. Questo non e' un male, anzi, agli occhi, degli investitori significa che esiste già una clientela al quale proporre il prodotto o servizio.

○ **Il vantaggio competitivo.** Serve a definire come il prodotto o servizio del progetto imprenditoria avrà modo di distinguersi e quali potenzialità potranno esserci rispetto ai prodotti della concorrenza.

Strategia.

Individuato ed analizzato il settore ora si passa a ipotizzare quali rapporto ci può essere tra il vostro prodotto e quello della concorrenza. I punti da analizzare sono i seguenti:

○ **Analisi Forze e Debolezze; Minacce e Opportunità.** Consiste in una matrice, chiamata appunto "Analisi Forze e Debolezze; Minacce e Opportunità" nella quale si elencano ciascuno dei quattro punti.

○ **Obiettivi.** Si indicano quali sono gli obiettivi che si intendono raggiungere (quote di mercato, prezzi, aree geografiche, ecc.) e le relative date.

- Posizionamento. Di descrive in quale fascia di mercato si vuole inserire il prodotto.
- **Posizionamento rispetto ai concorrenti (matrice SWOT).** E' questa una matrice che analizza il posizionamento del vostro prodotto rispetto a quelli della concorrenza.

Leve operative di marketing.

In questa parte si analizzano e si descrivono tutti quegli elementi che appartengono al marketing.

- **Prodotto e Prezzo.**
- **Distribuzione.**
- **Promozione e Comunicazione.**

Budget economico e finanziario.

Questa parte invece riporta in maniera riassuntiva tutto l'aspetto legato all'analisi finanziare. E' importante ricordare di non appesantire il business plan con tutti i dati finanziari che verranno inseriti come allegato. Il Budget economico e finanziario e composto da:

- **Previsione delle venditeAnalisi costo/carico di lavoro del personale.** Si riporta una sintesi dell'analisi dei costi che servono per produrre il bene.
- **Cash Flow.** Qui a mio avviso e' il dato principale di qualsiasi progetto o operazione finanziaria.
- **Identificazione dei principali rischi e modo di affrontarli.** Identificare quali sono i potenziali rischi finanziari per i quali si può incorrere.

- ○ **I fattori critici di successo (BEP).** Si analizza il Break Even Point, il punto di pareggio. Alla fine di tutta l'analisi finanziaria si individua quali sono i dati che porteranno al punto di pareggio, cioè quando il progetto incomincerà a dare gli utili.

Descrizione degli obiettivi strategici.
- ○ **Stato del progetto.** Si descrive in quale stadio si trova il progetto (sede, start up, ecc.)
- ○ **Piani per lo sviluppo dei prodotti e per la penetrazione in nuovi mercati.** Si descrivono quali sono le strategie per il futuro e come penetrare i nuovi mercati.

Tasso di crescita atteso e profitti previsti.
Si deve descrivere quale e' il tasso di crescita previsto e i profitti previsti durante l'arco degli anni, almeno 3 o 5, e i profitti previsti per questo periodo. Ovviamente e' molto più semplice e veritiera una analisi di un prodotto che e' già presente sul mercato in quanto già possiede un track record.

Il Team.
In questa parte si riportano tutti i componenti del team imprenditoriale con una breve descrizione dei ruoli, delle qualifiche e del background. Come detto nelle precedenti parti di questo libro in merito al co-founder questo e' uno dei principali aspetti a cui i finanziatori danno attenzione. I curriculum vitae completi possono venire integrati come allegati al business plan.

I clienti.
Questa parte e' riservata alla società che e' già operante e che ha già acquisito

una quota di mercato. Si dovranno specificare come questa quota di mercato e' suddivisa (anagraficamente, geograficamente, ecc.).

Eventualmente per la start up che ancora non e' ancora partita si dovrà individuare i potenziali clienti target.

Osservazioni sul Business Plan.

Abbiamo già introdotto il fatto che il business plan non ha regole precise, e' inoltre necessario fare una osservazione importante, il business plan e' più verosimile se fa riferimento ad una attività che e' già esistente, che ha già realizzato dei numeri sul mercato come numero clienti, prezzi, ricavi ecc. Riflette una importanza minore invece se fa riferimento a progetti che sono ancora in fase di seed o embrionali dove non esiste un riferimento con la realtà.

Negli Stati Uniti il business plan ha meno importanza per un investitore. I finanziatori rimangono più soddisfatti se vedono dei numeri reali o delle stime realistiche. Ciò non toglie che le analisi eseguite sul business plan siano d'obbligo per dare comunque una idea del progetto e di come questo interagisce con il mercato e con la concorrenza.

Una valido sostituto al business plan e' il Business Model Canvan (già trattato all'inizio in merito alla validazione dell'idea) come riportato nell'articolo di Bob Dorf "Are Business Plans Really Dead?" dove si chiede se vale ancora la pena redigere il business plan oppure preferire un più semplice business model canvans.

Capitolo 9

Glossario.

Acceleratore.

L'acceleratore opera nel primissimo periodo di vita dell'azienda e la supporta con mentorship, con un luogo fisico dove operare e con i servizi necessari alla sua crescita; è gestito principalmente da imprenditori e mentors ed è un luogo dove si riceve assistenza sul modello di business. L'acceleratore aiuta la start up a: definire il business model, utilizzare le metriche, preparare il round di seed, prototipare il servizio/prodotto – accedere alla tecnologia, effettuare i primi test commerciali.

Bad Leaver.

L'insieme di clausole che costringono l'imprenditore a non scappare, o non fare concorrenza, e dedicarsi con zelo all'iniziativa finanziata. Sono sostanzialmente delle penali.

Bootstrapping.

E' il processo di auto finanziamento che vede l'imprenditore sostenere il processo di start up esclusivamente con i suoi mezzi, senza l'apporto di capitale esterno.

Business Angel (BA).

I business angel sono individui che investono i propri denari in aziende in cambio di partecipazioni, presenti o future, nel capitale di queste. Contribuiscono con la loro presenza alla crescita della start up e questo garantisce minor probabilità di fallimento rispetto alle imprese che si basano su altre forme di finanziamento iniziale. Entrano in gioco nella fase iniziale di "round seed" colmando la lacuna in fase di primo finanziamento chiedendo ad amici e familiari.

Call Option.

Diritto ad acquistare da un soggetto determinato la partecipazione nell'impresa da quest'ultimo detenuta, a condizioni prefissate, ad una certa data oppure al verificarsi di determinati eventi.

Cap Table.

Tabella con i vari conteggi delle quote relative ai vari aumenti di capitale.

Capital Gain.

Differenza tra il prezzo di acquisto di una partecipazione e il ricavo derivante dalla sua vendita. Rappresenta la fonte di ricavo principale di un investitore nel capitale di rischio.

Cash flow (CF).

Il cash flow è la capacità di generare cassa e quindi di ripagare il debito e remunerare gli azionisti. Il cash flow esprime la differenza tra entrate ed uscite di cassa, se l'impresa ha un cash flow positivo (entrate>uscite), l'azienda dispone di risorse liquide per finanziare le gestione corrente, coprire i debiti a breve, ma anche finanziare nuovi progetti mentre, un cash flow negativo (entrate<uscite) è indicatore di rischio aziendale, ed è tipico della fase di start up. In questo caso è fondamentale l'analisi di break even del cash flow, che indica la dimensione minima dell'attività aziendale che determina una generazione di cassa.

La presenza di cash flow negativi ha effetti sul costo del debito dell'azienda. Questa variabile è fortemente influenzata anche dalla struttura, dalla stabilità e dalla prevedibilità dei flussi futuri.

Coworking.

Il coworking è una modalità innovativa di lavorare che prevede la condivisione di spazi fisici e di servizi in apposite strutture nate allo scopo di fornire un'alternativa al lavoro in casa a tanti professionisti e piccoli imprenditori. E' possibile anche solo affittare una scrivania, una sala riunioni o una semplice postazione a tariffe vantaggiose e per periodi che vanno da poche ore ad alcuni mesi.

Deal Flow.

Flusso delle opportunità di investimento individuate e analizzate da un investitore nel capitale di rischio.

I canali da cui si ricevono deals solitamente sono:

- "Cold emails"
- Network di conoscenze

○　Eventi (Demo Days, Pitches, etc.) AngelList

Development Capital.
Investimento in capitale di rischio effettuato nelle fasi di sviluppo dell'impresa, realizzato attraverso un aumento di capitale e finalizzato ad espandere (geograficamente, merceologicamente, ...) un'attività già esistente (definito anche Expansion capital).

Drag / Tag along.
Clausole cruciali e pericolose. La TAG (covendita) è quella che permette al socio di minoranza di obbligare il socio di maggioranza laddove egli venda a vendere anche la sua quota, ed è una clausola sacrosanta. La Drag è una clausola per la quale il socio di minoranza (ad esempio l'investitore) puo costringere il socio di maggioranza o tutti i soci a vendere insieme a lui quando lui vuole. Ovviamente sulla definizione del prezzo...e' tutto da capire. La Drag è pericolosa ma è richiesta, un modo per gestirla è quello di prevederla solo in alcuni casi e solo da alcuni momenti, o facendo fissare il prezzo ad un terzo.

Due Dilignece.
Insieme dei controlli legali e commerciali sulla società per verificare conti, pendenze, cause, e stabilire se la valorizzazione preventivamente contrattata è corretta. In genere prima si stabilisce in una LOI il valore e poi i legali procedono con una due diligence per verificare che tutte le pendenze ed i conti presentati dall'azienda siano veritieri.

Elevator Pitch.

L'elevator pitch ha come obiettivo di esporre gli aspetti salienti di un progetto d'impresa in un discorso chiaro, conciso ed efficace, in grado di catturare l'attenzione dell'interlocutore di media cultura nel tempo tipico di una corsa di un ascensore (2-3min max).

Exit.

E' il complesso delle procedure previste nel contratto che permettono all'investitore di riuscire a liquidare la sua quota, in genere è entro un periodo di 5 anni con vari step.

Qua non c'è scampo, l'investitore entra investendo 1 per uscire entro 5 anni possibilmente con 5-10.

Expansion Financing.

Investimento in capitale di rischio effettuato nelle fasi di sviluppo dell'impresa, realizzato attraverso un aumento di capitale e finalizzato a espandere geograficamente e/o merceologicamente un'attività già esistente.

Governance.

L'insieme delle clausole che prevedono la gestione della società e quindi la composizione ed i membri in CDA per gli investitori, il diritto di veto su alcune materie, il collegio dei sindaci etc.

Incubatore.

E' un luogo dove si condividono spazi e servizi, la start up non riceve mentorship ma ha accesso ai servizi e al networking. In cambio paga un affitto mensile per postazione e riceve: network – amministrazione e legale – spazi e connettività.

Internal Rate Return (IRR).

Formula che usano i VC per calcolare il guadagno sull'investimento. Talvolta viene proposto di legare un premio (earn out) in base all'IRR generato.

Liquidation Preference.

E' una clausola per la quale si prevede che laddove l'investitore abbia investito ad esempio 1 mln di euro quando ci sarà un processo di vendita il primo milione andrà all'investitore. Quindi per capirci se l'azienda viene venduta ad 1 mln anche se l'investitore ha il 20% si prende tutto lui. Questa clausola è abbastanza standard, con anche gli interessi sopra. E' delicato capire come viene ripartita la parte eccedente, ed è lì che molti ci provano. Quindi non vi bloccate su questa clausola perché ve la chiedono tutti, in sede di term sheet è meglio lasciarla (magari molto vaga)

Love Capital.

Capitale raccolto presso i propri familiari, parenti e amici per l'avvio e lo sviluppo dell'impresa.

Mentor.

Il mentor durante il processo di start-up risulta una figura molto importante, soprattutto per chi come la maggior parte degli startupper, muove i primi passi nel mondo imprenditoriale. I suoi suggerimenti possono essere un utile supporto, specie nella fase di creazione e strutturazione del business plan.

Minimum Viable Product (MVP).

E' una strategia usata per testare le caratteristiche del proprio prodotto (primo prototipo) nel mercato in maniera rapida ed efficace. Si caratterizza per essere fatto principalmente nella primissima fase di vita di una start up, per capire i feedback e suggerimenti da parte degli early adopter. Fondamentale per capire subito se si sta costruendo un prodotto che il cliente non vuole in modo tale da cambiare prima che sia troppo tardi.

MOU/LOI.

(MOU= memorandum of understanding / LOI= letters of intent) Sono grosso modo la stessa cosa del TERM SHEET. Talvolta differiscono solo per una maggiore valenza legale. In buona sostanza una LOI porta una responsabilità precontrattuale, ovvero ci si può ritirare ma solo se ci sono dei buoni motivi. In pratica se uno si ritira così... solo perché gli gira storto...facendo perdere alla controparte mesi di tempo sarebbe passibile di risarcimento danni. Nel term sheet questa responsabilità è esclusa.

NDA.

Un accordo di non divulgazione (in inglese: NDA ossia Non-disclosure agreement) è un negozio giuridico di natura sinallagmatica che designa informazioni confidenziali e con il quale le parti si impegnano a mantenerle segrete, pena la violazione dell'accordo stesso e il decorso di specifiche clausole penali in esso contenute. In altre parole è un contratto attraverso il quale le parti decidono di non svelare le informazioni indicate dall'accordo.

Esso crea una relazione confidenziale tra le parti al fine di proteggere qualsiasi tipo di segreto industriale, salvaguardando informazioni commerciali non pubbliche.

Oprion Pool.

E' una quota societaria tenuta da parte per essere destinata ad un Advisor oppure data a dipendenti. E' praticata soprattutto all'estero. In Italia e' meglio inserirla come documento privato tra i soci che si impegnano in futuro a cedere una determinata quota in qualità di option pool. Per un esempio vedere questo articolo.

Pre-Seed.

L'investitore interviene nella fase di sperimentazione, in cui non esiste ancora un prodotto e l'azienda non è strutturata, ma viene finanziata solo un'idea o un'innovazione. Sotto il profilo del rischio-rendimento sono caratteristici del pre seed apporti finanziari molto contenuti e livelli di rischio molto elevati, è la fase dove si riscontra una elevata mortalità.

Premature Scaling.

E' una delle cause principale di morte per le start up se fatta male, si intende spendere soldi oltre il necessario per far crescere il business (es. assumere personale extra, marketing troppo costoso, leasing, perfezionare troppo il prodotto inizialmente, etc.) prima di aver trovato il giusto adattamento/taglio del prodotto o mercato.

Premoney .

Valore della società precedente all'investimento. Ovvero valore che l'investitore riconosce all'azienda nel momento in cui entra con un aumento di capitale.

La pre money valuation è un termine ampiamente usato nei settori private equity o venture capital, che si riferisce alla valutazione di un'azienda o azioni precedenti ad un investimento o finanziamento. Se un investimento aggiunge capitale ad un'azienda, essa avrà differenti valutazioni prima e dopo l'investimento stesso. Pertanto si riferisce ad una valutazione ante investimento. Investitori esterni, come venture capitalist o angel investor useranno tale strumento per determinare l'ammontare del rientro in capitale del loro investimento nei confronti di un imprenditore e la sua start up. Esso è completamente calcolato su basi dilazionate. Solitamente un'azienda riceve alcune tornate di finanziamenti (cosiddette Round A, B, C, etc...) piuttosto che una grossa cifra al fine di diminuire il rischio per gli investitori e motivare l'imprenditore. I concetti di pre- e post money valuation si applicano ad ogni tornata.

Round A

Gli azionisti della Widgets, Inc. possiedono 100 azioni, al 100% in equity. Se un investitore immette 10 milioni di dollari (round A) nell'azienda in rientro per 20 azioni appena emesse, la post money valuation sottintesa sarà:

$10 milioni * (120 / 20) = $60 milioni

Ciò implica una pre money valuation uguale alla post- meno l'ammontare dell'investimento. In questo caso:

$60 milioni – $10 milioni = $50 milioni

Gli azionisti diluiscono la loro proprietà a 100/120 = 83,33% Round B

Si assuma che la stessa Widgets, Inc. ottenga la seconda tornata di finanziamento, round B. Un nuovo investitore si accorda per fare un investimento di $20 milioni per 30 azioni appena emesse. Se si segue l'esempio precedente, egli possiede 120 azioni in arretrato. La post money valuation è:

$20 milioni * (150 / 30) = $100 milioni

La pre-money valuation è:

$100 milioni – $20 milioni = $80 milioni

Gli azionisti originari diluiscono ulteriormente la loro proprietà a 100/150 = 66.67%.

Upround and downround Upround and downround sono tue termini associati alla pre- e post money valuation. Se la pre money valuation della tornata imminente è più alta rispetto alla post money valuation dell'ultima fase, l'investimento viene chiamato upround. Viceversa l'opposto sarà il downround. Nel caso precedente il round B era un investimento upround, per il fatto che la pre money B ($80 milioni) era più alta rispetto alla post money A ($60 milioni). Un'azienda di successo ha solitamente una serie di upround fino a che non venga fatta un'offerta pubblica iniziale, sia venduta o incorporata. Downround sono delle fasi gravose a carico degli azionisti e imprenditori, per le loro sostanziali perdite di proprietà e il danno che provocano alla reputazione dell'azienda.

Private equity.

Il private equity è un'attività finanziaria mediante la quale un investitore istituzionale rileva quote di una società target, ossia l'obiettivo, sia acquisendo azioni esistenti da terzi sia sottoscrivendo azioni di nuova emissione apportando nuovi capitali all'interno della target. Un fondo di private equity a differenza del venture capitalist, di solito acquista il controllo di maggioranza di una società già matura.

Round A.

Si parla di first stage financing (Round A) quando l'avvio dell'attività produttiva è completato, ma la validità commerciale del prodotto o servizio è ancora da verificare e sostenere. L'imprenditore in questo caso cerca fondi per finanziare un business già esistente, ma che necessita di essere lanciato e crescere. In questo tipo di operazioni sono già superate le fasi di ideazione, progettazione, sperimentazione, è quindi possibile che l'investitore abbia un profilo meno tecnico e più commerciale: il suo intervento si basa prevalentemente sul finanziamento e sulle competenze manageriali necessarie per il successo nella commercializzazione del prodotto.

Round B.

Si tratta di una modalità di investimento particolarmente adatta alle esigenze di una start up di media dimensione, mature per fare quel salto dimensionale necessario per consolidare o migliorare la propria posizione all'interno del contesto competitivo. Vengono attivati finanziamenti che aiutano imprese che si trovano in una situazione stabile, consolidata, che hanno bisogno di capitali per realizzare operazioni di crescita, quali ad esempio acquisizioni di altre società, ingresso in nuovi mercati, realizzazione di cambiamenti interni che comportano investimenti ingenti.

Seed.

Apporto di capitali nella fase di avvio dell'attività produttiva, quando l'impresa già esiste, ma non si conosce ancora la validità commerciale del prodotto o del servizio. Tale servizio ha un rischio molto simile a quello del pre seed financing e necessita che il finanziatore abbia buone competenze tecniche, ma spesso le fasi di sperimentazione a livello di prototipo e di brevettazione sono già state fatte: la società e il suo management sono già esistenti.

Start up.

Una startup è una società progettata per crescere rapidamente. Non è necessario per una startup essere basata sulla tecnologia o ricevere finanziamenti di rischio o avere una sorta di "exit". L'unica cosa essenziale è la crescita, tutto quello che si associa alla startup è conseguenza della crescita.

Stealth Start up.

E' una start up che agisce con discrezione, evitando l'attenzione dei media e del pubblico. Può essere fatta per nascondere informazioni ai competitors o per gestire in un particolar modo la propria immagine, un esempio non andato a buon fine.

Traction.

Per traction si intende la prova che qualcuno vuole il tuo prodotto, l'evidenza quantitativa della richiesta del mercato. La si può intendere come l'insieme dei valori nel seguente ordine (da adattare ad ogni singola startup):
- Profitability
- Revenues
- Active users
- Registered users - Engagement
- Partnerships/clients
- Traffic

Venture Capital (VC).

Il venture capitalist opera attraverso un veicolo o un fondo investendo soldi di terzi. Fornisce il capitale finanziario agli stadi iniziali, ad alto potenziale e ad alto rischio, alle imprese a forte crescita. Il fondo di venture capital guadagna attraverso il possesso di partecipazioni in società nelle quali ha investito. Il venture capitalist di solito investe in quello che è denominato "round A", fornendo capitali per la crescita e acquisendo quote di minoranza.

Conclusioni.

Con questo breve ma conciso libro ho voluto dare una idea dei passi necessari per creare una start up. Non e' mia intenzione essere esaustivo sull'argomento ne pensare che quanto riportato sia scolpito nella pietra. Per ogni argomento troverete diverse ipotesi somiglianti e diverse, non troverete mai due descrizioni di un argomento uguali.

Ma i punti che ho trovati in comune con la maggior parte degli autori sono:

- Il prodotto non e' importante ma lo e' il risultato economico.
- Agli investitori di voi e della vostra idea non gliene importa niente, importa solo dell'investimento.
- L'elemento a cui guardano gli investitori dopo i dati finanziari e' da chi e come e' composto il team e soprattutto dal punto di vista del "costruttore" del prodotto, la parte tecnica.
- Lo scopo degli investitori vogliono fare molti soldi e in fretta in quanto devono rientrare anche da altri investimenti che non hanno dato i risultati previsti, questo perché
- La maggior parte delle start up brucia i soldi degli investitori.

Ringraziamenti e Feedback

Ti ringrazio per avere acquistato questo libro e spero che possa esserti di aiuto per farti ottenere i risultati che ti sei prefisso.

Se sei arrivato fino in fondo a questo libro vuole dire che l'argomento ti ha interessato, ma soprattutto che fai parte di quelle persone che perseguono il miglioramento personale, che percorrono strade diverse da quelle seguite dalla massa.

Ti sarei grato se tu potessi compiere un ultimo sforzo e tornassi al sito dal quale lo hai acquistato e lasciassi il tuo feedback.

La tua opinione conta.

Grazie

www.ingramcontent.com/pod-product-compliance
Lightning Source LLC
Chambersburg PA
CBHW070939180526
45168CB00003B/1104